Mårten Sandén   Per Gustavss

EN GLASS I GRANNGALAXEN

rabén&sjögren

DET VAR EN UNDERLIG KVÄLL med många stjärnor.
Emma och Rufus hade sällskap hem från fotbollsträningen, som vanligt.
Emma gick och tänkte på en saga som hon ville skriva.

P

Emma visste precis hur sagan skulle vara. När hon blundade kunde hon nästan känna smaken av den! Men vad den skulle handla om visste hon inte.
Hon tänkte så mycket att hon nästan glömde bort att Rufus var där.
”Okej, jag ringer kanske sen”, sa Rufus.
”Mm”, sa Emma. ”Gör det.”

Utanför porten var allt som vanligt, och ändå inte.
”Vilken fin saga du tänker på”, sa en vänlig röst.
Emma såg sig omkring. Hon hade inte berättat om sagan för någon.
Inte ens för Rufus.
”Va?” sa hon. ”Vem sa det?”
”Ingen speciell”, sa rösten. ”En Blobb från granngalaxen, bara.”

Blobben såg på henne med stora kloka ögon.
”Från granngalaxen?” sa Emma. ”Vad vill du, då?”
”Ja, en glass vore gott”, sa Blobben. ”Och så vill jag åka hem, förstås.”
”Men varför sitter du i en skottkärra?”
”Det verkade praktiskt”, sa Blobben.
Emma funderade.
”Vi har nog ingen glass”, sa hon. ”Jag ringer Rufus.”

Emma hann knappt berätta om Blobben förrän Rufus sa:
”Det sitter två Långöron från yttre rymden på min säng. De vill hem!”
”Vill de ha glass också?” frågade Emma.
”Skojar du?” sa Rufus. ”Det är det enda de tjatar om!
Kan vi inte ses vid torget?”

Blobben somnade i skottkärran, men hon hann berätta för Emma att hon skulle till Sargassohavet.

”Hon kanske bor där?” sa Rufus.

”Nej, Sargassohavet är ju bara stället där man beamar upp sig!” skrattade Långöronen. ”Till Moderskeppet!”

Emma funderade.

”Ett hav måste väl ligga vid stranden”, sa hon. ”Vi tar nattbussen dit.”

Rufus fick jaga Långöronen, de skuttade och klättrade på allt.

”De kan aldrig sitta still på bussen”, pustade han.

”Vi tar en taxi”, skrek Långöronen.

TAXI

En pojke i pyjamas stod och pratade med en taxi-chaufför.
Pojken bar en haj i en shoppingväska. Emma hoppades att han hade hällt salt i vattnet.
”Kolla, ledig taxi!” tjattrade Långöronen. ”Vi tar den!”
”Vänta”, sa Rufus. ”Taxi kostar många hundralappar.”
”Äsch, vi kör själva!” sa Långöronen. ”Då blir det gratis. Vroom-vroom!”
”Ni har ju inte ens körkort!” sa Rufus.
Långöronen såg på varandra.
”Nä, visst nä”, sa de. ”Okej, du får köra!”

I busskön stod Maj och Juni från Emmas klass med var sin boll i famnen.
”Vi ska hjälpa de här Babyplaneterna till Sargassohavet”, sa Juni.
”De är såna som vill hem”, sa Maj.
”Vi kommer efter i taxin”, sa Emma. ”Rufus ska bara …”
I samma ögonblick fräste taxin förbi med Rufus bakom ratten.
Långöronen hängde och slängde ut genom fönstren.
”Oj då”, sa Emma. ”Jag tar nog också bussen, förresten.”

Busskön var lång. Framför pojken med hajen stod tre konstiga plåtfigurer som klonkade och bonkade när de försökte beama upp sig.
”Det är De tre vise robotarna”, sa Maj. ”De vet vägen till Sargassohavet.”
Robotarna verkade inte alls särskilt visa, men de hade åtminstone en kompass.
”Vi får stanna till vid glasskiosken”, sa Juni. ”Babyplaneter är tokiga i glass.”
”Mm … Glass!” mumlade Blobben i sömnen.

B

”Hej”, sa Emma till busschauffören. ”Visst får man åka gratis med barnvagn?”
Busschauffören tittade på Blobben.
”Det där är en skottkärra”, sa hon. ”Hur gammalt är barnet?”
”Jag vet inte”, sa Emma. ”Tusen år, kanske?”
”Tyvärr”, sa busschauffören och stängde dörren.

Det var inget att göra. Emma fick springa efter bussen.
Det blev vingligt och skumpigt, men Blobben bara snarkade.

Vid den sista hållplatsen innan havet kom de äntligen ifatt.
Hela gatan var full av såna som ville hem.
”Hjälp!” ropade Juni. ”Min pluttplanet flyger iväg!”

Babyplaneterna hade vuxit jättemycket och Maj och Juni
orkade knappt hålla emot.
”Hörni, robotarna!” sa Emma. ”Vart ska vi?”
Men De tre vise robotarna försökte bara beama upp sig i ett P-hus,
och det var ju helt fel.

Det var en faslig röra.
Mitt i allt kom kusinerna från landet kånkande på ett storsjöodjur.
”Tjockormen måste i vattnet!” ropade de. ”Den vill hem!”
Alla ville hem, men ingen visste hur. Emma ruskade Blobben, men fick bara en snarkning till svar.
”Det här går ju inte!” skrek Emma.

Långöronen hoppade runt Rufus.
”Vi vill hem!” tjoade de. ”Vi vill ha glass!”
Alla började ropa: ”VI VILL HEM! VI VILL HA GLASS!”
Emma och Rufus höll för öronen. De förstod inte
kompassen och de visste inte var havet låg.
De hittade inte ens till glasskiosken.
”Tysta!” skrek Rufus. ”Vi har ingen glass!”
Då hördes plötsligt en vänlig röst:
”Var det någon som sa glass?”

Blobben hade vaknat!
Hon gäspade och blinkade med sina kloka ögon.
”Jomen, nu ska vi se”, sa hon och reste sig i skottkärran.
”Glasskiosken är ditåt. Över gatan och hundra meter åt vänster.”

På långt håll såg de den stora glasskylten lysa i mörkret.

”Ställ er i kö”, sa Blobben. ”Alla får glass, och sen åker vi hem.”
Maj och Juni matade Babyplaneterna, och de växte för varje sked.
Blobben åt två strutar vanilj, och Långöronen sju mjukglassar var, med extra strössel.
”Där kommer en bussraket!” sa Rufus.

Storsjöodjuret simmade iväg och De tre vise robotarna tog bussraketen till Sargassohavet där Moderskeppet väntade.
Långöronen hade fått tag på en båt.
”Fort, du får ro!” hojtade de till Rufus.
”Mot Sargassohavet!” sa Blobben.
Rufus ryckte på axlarna.
”Tja, kan jag köra taxi så kan jag väl ro”, sa han. ”Men sitt still i båten!”

Emma stod på stranden och såg roddbåten glida ut på det blanka vattnet.
Pojken i pyjamas satt också kvar, hajen hade simmat iväg med sin mammahaj.
”Ska du hem med sista bussen, Emma?” frågade Maj och Juni.
”Nej, jag tar skottkärran”, sa Emma. ”Jag tror jag behöver en promenad.”

På väg hem var stjärnorna fler än någonsin. Kometer och satelliter svischade tyst genom rymden. Emma gick där med skottkärran i den ljumma kvällen och tänkte på lite av varje. Hon tänkte på stjärnor och babyplaneter och såna som vill hem, men mest tänkte hon på sin saga. Nu visste hon precis vad den skulle handla om!